四譯館考 二

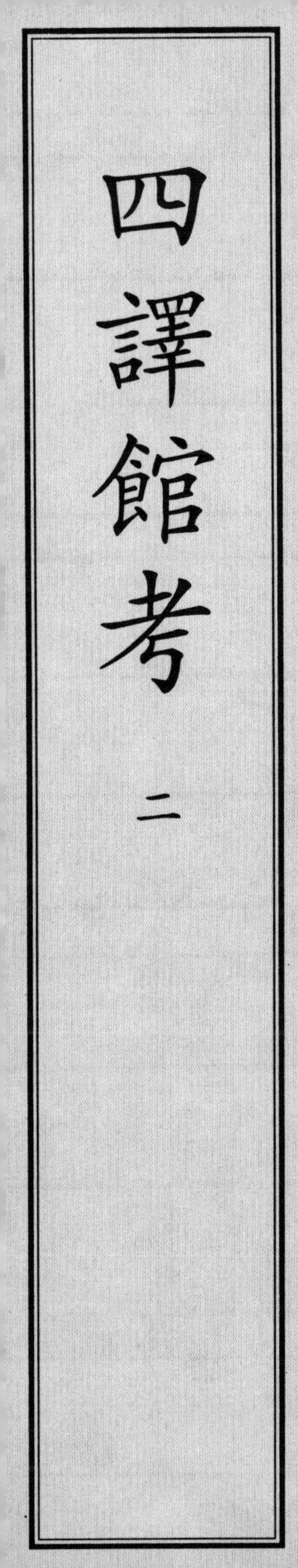

四譯館考卷之五

百譯館 附孟養 孟定 南甸 干崖 隴川 威遠 灣甸 鎮康 大侯 芒市 者樂甸 舊有景東鶴慶久隷版圖故不錄

百譯

百譯在雲南之西南自古不通中國元世祖時命將伐交趾經其所部盡降之舊名孟都又名孟邦至元二十六年立木邦路軍民總管府領三甸明洪武十五年改木邦府後改木邦軍民宣慰使司命西平侯沐英遣使往諭之始從化

來王其所部猛密有寶井爲木邦利府陶猛司歪領之陶猛者華言頭目也木邦宣慰司罕楪以其女曩罕弄妻司歪罕楪死其孫罕宅立嗜酒好殺曩罕弄遂以猛密叛木邦成化初南寧伯毛勝守雲南利猛密寶石許得自貢不關木邦太監錢能尤利其珍賂曩罕弄遂怙勢無忌略地自廣十六年太監王舉索猛密寶石不得因疏猛密罪請征之曩罕弄大懼會有江西人周賓五者逋猛密因爲曩罕弄計遣人賫金寶

賂政府求釋罪且請授官政府許之遂授意都御史程宗以往宗至曩罕弄侍內援益踞傲不出迎且要宗過南牙山就見宗不得已從之曩罕弄曰猛密之於木邦猶大象之孕小象也今小象長成軀倍大象矣寧能復納大象腹中乎宗唯唯遂以所侵木邦地與之爲設安撫司以司歪子孫世其職木邦人詣宗訴辨宗輒詈之狀聞政府大喜遂以宗撫雲南尋遷刑部尚書曩罕弄既盡奪木邦地罕宅奔猛正由是孟養

諸酋大不平遣大陶猛倫索提兵衛罕宅聲言必滅猛密會弘治改元副使林俊稍割猛密地還木邦曩罕弄懼不敢逆命遂與木邦並立爲世讐矣其俗男衣白文身髠髮摘髭鬚女上衣白下圍桶裙耳帶金圈手貫象牙鐲所居皆竹樓男貴女賤雖小民亦奴視其妻耕織貿易差徭之類皆係之土產犀象馬金銀寶石孔雀尾靈蚳膽古刺水土錦胡椒響錫其種類最繁故稱百譯焉

孟養

孟養軍民宣慰使司地名香栢城元至元二十六年立雲遠路軍民總管府明洪武十五年改爲雲遠府尋改宣慰司其民獷野小有隙卽搆兵相殺正統初土酋思仁叛官兵追至緬甸捕斬之成化中思仁子思祿以祖母琭帶及諸珍物賂鎮守太監錢能能召見飲食之思祿稍橫弘治初給諸土酋金牌信符所司偶忘孟養久廢按籍須給思祿遂謂復其官職以金牌號召

諸酋略取旁地自廣會猛密叛木邦叅政毛科檄思祿兵思祿以羸兵數千應科爲猛密所敗思祿大怒遂越界過金沙江攻猛密取蠻莫等十七寨科又勸巡撫金獻民請兵大舉征思祿不許會思祿亦遣人奏言爲鄰惡詿誤願入蠻莫十七寨贖罪得比米魯仍乞以一子爲宣慰如故朝議遲疑不决思祿遂據孟養自立其地下濕夜寒晝熱多濵江爲竹樓以居日浴數次境內有鬼窟山極險隘土產琥珀碧瑱蟒矮馬

孟定

孟定府舊名景麻元至元二十六年立孟定路軍民總管府領二甸隸大理金齒等處宣慰使司明洪武十五年改置孟定府編戶五里民皆百譯男子光頭赤足黑齒衣白布衣戴細竹絲帽以金玉珍寶飾其頂徧插翠花翎毛後垂紅纓婦人出外戴漆藤大笠身衣文繡飾以寶貝

土產香櫞

南甸

南甸宣撫司舊名南宋元至元二十六年置南甸路軍民總管府領三甸明洪武十五年改南甸府永樂十二年改南甸州正統八年陞宣撫司其俗結姻用穀茶二長筒鷄卵五七籠爲聘客至以穀茶供奉手拈而食之境內有丙弄蠻干溫泉沙木籠南牙諸山小梁諸乃二河大盈江黃連坡關小龍山關土產孔雀叫雞紅藤篋

干崖

干崖宣撫司其地舊名干賴睒僰居之元中統

初內附至元中置鎮西路軍民總管府領二甸明洪武十五年改爲鎮西府後爲千崖長官司正統間改宣撫司境內有雲晃雲籠白蓮喇朋諸山雲晃安樂止西三河四時皆蚕取其絲染五色爲土錦又有白氎布白蓮花竹鼴大如兎至肥可食

隴川

隴川宣撫司舊爲麓川地皆僰蠻所居元至正中置麓川路明洪武十七年內附置麓川平緬

宣慰司正統三年土酋思仁發叛討平之十一年置隴川宣撫司於隴把俗與南甸同境內有馬鞍摩梨羅木山湯泉土產孔雀豪猪芋紫膠大藥鮮子

威遠

威遠州唐南詔銀生府地舊爲濮落雜蠻所居元至元中始置爲州明因之編戶四里其俗男女勇捷走險如飛交易無權量但以小篾籮計多寡而量之境內有蒙樂山南堆谷竇江土產

鹽莫蒙寨有河水汲而澆於炭火上煉之則成

灣甸

灣甸州蠻名細賧元中統初內附屬鎮康路明洪武十七年置灣甸州編戸五里其俗婦女貴者以象牙作筒長三寸許貫于髻插金鳳蛾其項絡以金索手帶牙鐲以紅氈帶束臂纏頭不穿耳衣白布窄袖短衫黑布桶裙土產茶及芭蕉

鎮康

鎮康州蠻名石賧本黑僰所居元中統初內附至元十三年立鎮康路軍民總管府領三甸明洪武十五年改爲鎮康府尋改爲州編戸六里其人形惡體黑以青白布爲衣跣足行荊棘中如飛男子出婦人閉戸以待其至卜用雞骨病專祭鬼死則刳木爲棺殯之上植一樹爲識土產大藥鮮子蟒膽水乳香

大侯

大侯州蠻名孟祐白蠻所居元屬麓川路明洪

袖白布衫男子綰髻於頂前用青白二色布纏之婦人綰髻於後不施脂粉男女皆合白檀香麝香當歸姜黃末塗於身及頭面以爲奇酋長出入乘平轎或乘象坐則在前從者圍後皆席地尊事佛敬僧立阿瓦刹城邦啞直根等寺莊嚴甚麗有大事則抱佛說誓質之僧然後决地勢廣衍有金沙大江濶五里餘水勢甚盛緬人恃以爲險土産犀象馬金銀寶貝白氎布兜羅錦椰子樹頭油酒樹類椶高五六尺結實大如

掌土人以麯納罌中懸于樹實下刮其實流汁於罌即爲酒或不用麯惟取其汁熬之爲白糖其葉即貝葉石油自石縫中流出臭惡而黑可療毒瘡

四譯館考卷之六終

四譯館考卷之六

緬甸館

緬甸

緬甸不知何種其地舊有江頭太公馬來安正國蒲甘緬王五城元至元中遣將兀良吉䚟屢討平之置邦牙軍明洪武二十九年內附立緬甸軍民宣慰使司正統四年孟養宣慰使刁賔玉昏懦其下大酋思仁叛擁衆麓川并有孟養地遣黔國公沐晟左都督方政往討之政乘勝

追思仁至上江以無援力戰死詔問晟晟自知失律飲藥卒廷臣皆言宜罷思仁不問不聽乃用太監王振議用兵部尚書王驥定西伯蔣貴發湖廣四川廣西貴州及京營兵十二萬往討之思仁敗走緬甸驥遂割思仁所略孟養地畀緬甸購思仁緬甸酋長卜剌浪斬思仁縛其子思機思卜復遣莽剌札等六十四人進貢至京且獻俘焉朝廷用驥言錄緬甸功卽以其子鋘起莽居守孟養地頃之麓川人擁思仁少子思

祿攻敗銀起莽復有孟養地嶽不得已乃與思
祿約以金沙江爲界令居孟養先是緬甸人當
丙雲淸班思傑康剌改潘達速已扯聆六名以
來貢遂留教授後俱卒於官及弘治十七年因
譯學失傳行雲南鎭廵官取人教習緬甸宣慰
卜剌浪差𠫊陶思孟完通事李瓚等入貢并送
孟香的灑香牛三人來館教授俱授序班每遇
朝廷改元頒給勅諭一道金字陰文信符一面
制用銅鑄勘合號紙一百張以文行忠信四字
爲號付各宣慰司收掌遇進貢方物陳奏事情
則填寫赴京另有底簿付雲南布政司以備查
對其地東至木邦南至南海西至戞里北至隴
川自司治東北至雲南凡三十八程其俗居有
城郭屋廬乘用象馬濟用舟筏進上文字用金
葉次用紙又次用貝葉檳榔葉爲書其人形陋
體黑性柔而詐其𠫊長名曰卜剌浪男子善浮
水夏衣洗白窄衫單衣冬衣白兜羅錦仍用莎
羅布二幅合之纒於首以爲飾富者出入衣大

武二十四年置長官司尋改爲州編戸四里民
有百譯蒲蠻俗與灣甸順寧同境内有昔彌蠻
賴八賴蠻彌阿輪諸山孟賴孟祐二河瀾滄江
土産垂絲竹金剛纂訶子

芒市

芒市長官司其地舊曰怒謀曰大枯睒曰小枯
睒即唐史所謂芒施蠻也元至元十三年立芒
施路軍民總管府領二甸明洪武十五年置芒
施府正統中改長官司其俗男衣緖布女分髮

直額爲髻後垂衣皮跣足境内有青石山麓川
金沙二江土産金香橙橄欖芋蔗藤

者樂甸

者樂甸長官司漢時爲荒服地唐屬馬龍他郎
二甸曰猛摩蠻名者島明洪武末分置長官司
隷雲南布政司其民多百蠻交易用金銀或五
日十日一集旦則婦日中則男更代爲市境内
有者島棠樂二山景來河土産藤果羊尭

四譯館考卷之五終

西天館

西天

西天即天竺在葱嶺之南去月氏東南數千里地方三萬餘里分中東南西北五印度國國各有王地各數千里東與扶南林邑鄰但隔小海耳南際大海西接罽賓波斯北距雪山四周皆山唯南通一谷爲國門其中印度則據四印度之中也即漢身毒國明帝夢金人乃遣使之天

竺求佛於是佛教始通中國唐宋以來貢使間有至者明永樂六年有榜葛蘭國王靄牙思丁遣人朝貢榜葛蘭者即西天東印度也十二年王蹇弗丁遣人奉金葉表獻麒麟其國自蘇門答剌海行過翠藍島至浙地港更舟行五百里至鎖納兒港登陸行三十五里至其國地廣人稠財物豐衍甲於諸鄰其國有城郭王及諸官皆回回人男祝髮白布纏頭圓領長衣束彩帨躡皮屨市用銀錢海𧵅五領山最高大氣候常

熱如夏賦十二刑有笞杖徒流國有印章行移軍有粮陰陽醫卜百工技藝大類中國有衣黑白花衫縈帨佩珊瑚琥珀纓絡繫臂硝子鐲釧歌舞侑酒者曰根肯速魯奈奈葢優人也能作百戲以鐵索繫虎行市中入人家解索坐虎於庭裸而搏虎虎怒交撲撲虎數回乃已或手投入虎喉虎亦不傷戲已仍繫之觀者爭以肉啖虎勞戲者錢曆十有二月無閏風俗朴厚人好耕殖一歲再熟產鑌鐵翠羽琉璃蛇馬桑漆樹

絲綿九多鈴剪最巧利布數種有濶四五尺者驀黑驀勒濶四尺背面皆毳絨厚可五分郎兠羅錦也白樹皮布膩滑光潤如鹿皮椰茭爲酒檳榔當茶

四譯館考卷之七終

八百館 附老撾 車里 孟艮

八百

八百大甸軍民宣慰使司世傳其先土酋有妻八百各領一寨因名八百媳婦自古不通中國元世祖壬戌八月始遣忙兀魯迷失帥兵征之至成宗丁酉九月責其叛寇車里遣也先不花征之辛丑二月以劉深哈剌帶並爲中書右丞鄭佑參知政事皆佩虎符將兵三萬勑雲南省

各給馬匹征之八月又責其不輸賦稅賊殺官吏遣薛超兀兒往征癸卯三月劉深復請加兵哈剌哈孫曰海嶠小蠻遼絕萬里可諭之使來不足以煩中國元主不聽竟無功士卒存者纔十之一始悔不用其言會有司議釋深罪哈剌哈孫曰深邀名首釁喪師辱國不誅無以謝天下乃誅深其酋恃遠叛服不常至元統初平章賽典赤遣使招附置八百等處宣慰司明洪武二十四年其酋刁攬那來貢方物始立八百大

甸軍民宣慰使司每遇改元則頒給勅諭金牌勘合與緬甸同其地東至老撾南至波勒蠻西至木邦北至孟艮自司治北至雲南三十八程其俗性緩刺花眉目間以爲飾男女服食與木邦同事佛敬僧亦如緬甸與客相見無跪拜之節但把手爲禮境內有南格剌山山上有河南屬八百北屬車里土産象犀金寶白檀香安息香

老撾

老撾軍民宣慰使司俗呼爲撾家即古越裳地明永樂三年其酋招攬章入貢始置宣慰使司其地東至水尾南至交趾西至寧遠北至車里其民皆百譯性獷悍身及眉目皆刺花樣服食器用大類木邦其酋長有三等長曰招木弄次曰招木中又次曰招化爲宣慰者即招木弄也居高樓其上寬廣見人不下樓部屬見之則所至之地各有等限使客亦然而設通事引之以至其地不差尺寸土産犀象乳香西木香鮮子

訶子

車里

車里軍民宣慰使司蠻名徹里又有倭泥貉獞蒲刺黑角諸蠻自古不通中國元世祖命將兀良吉䚟伐交趾經其地悉降之至元中置徹里路軍民總管府領六甸後又置耿凍路耿當孟弄二州明洪武十七年酋長刁光歸附改置車里軍民府尋改宣慰使司在瀾滄江之南接南海交趾人頗淳厚額上刺一旗爲號作樂以手拍羊皮長鼓又間以銅鐃銅鈸拍板鄉村宴飲則擊大鼓吹蘆笙舞牌爲樂境内有猛永山杉木江土産鍮石銅木香沉香

孟艮

孟艮府蠻名猛指明永樂四年來附置孟艮府東至車里南至八百西至木邦北至孟璉其土俗與木邦同

四譯館考卷之八終

四譯館課集字詩

館列東西十日一行考課以觀肄習之勤惰焉余
於各館雜字中比合連屬綴成韻語雖未免有補
緝之痕而順口成章間有思致唯西天一館乃眞
實名經梵貝聱牙終難牽合因毎館附存一二詩
并錄其字及語音於本字之下亦奇觀也字分單
複體有縱横悉如其舊

回回館課集字詩 每層橫讀從右至左

五言律詩

高臺生遠想秋色信無邊野水沉殘月寒風斷晚煙蟬鳴花徑裏雁過畫樓前有客來閑聚因留入酒泉

高	臺
بلند	صفه
百郎得	塞法
殘月	寒
محاق	سرما
母哈華	塞兒媽
畫	樓
نقشین	قامه
納華石尹	華里黙

生	遠	想	秋	色
خامر	دور	اندیشه	تیرماه	رنگ
哈恩	都兒	俺迭舍	體兒媽黑	郎克
風	斷	晚	煙	蟬
باد	خفم	شبانگاه	بخار	زمره
巴得	户坤	舍榜噶黑	卜哈兒	日母勒
前	有	客	來	閑
پیش	هست	مهمان	بیا	فراغت
撇石	哈思忒	米黑媽恩	比呀	法剌額忒

高 [illegible]	臺 [illegible]	生 [illegible]	遠 [illegible]	想 [illegible]	秋 [illegible]	色 [illegible]
月 [illegible]	寒 [illegible]	風 [illegible]	斷 [illegible]	曉 [illegible]	煙 [illegible]	鐘 [illegible]
畫 [illegible]	樓 [illegible]	前 [illegible]	有 [illegible]	客 [illegible]	來 [illegible]	閑 [illegible]

回回館譯集字詩　[illegible]

五言律詩

高臺生遠想秋色信無邊野水沉殘月寒風斷
曉煙鐘鳴花屋東雁過畫樓前有客來閑聚因
留人酒泉

信 وفا 哦法　嗚 بانگ 邦克　聚 جماعت 者媽額忒

無 نیست 乜思忒　花 گل 故勒　因 سبب 塞百卜

邊 کرانه 克剌納　徑 دوتاه 堵他黑　留 بازداشتن 巴子打石貪

野 بیابان 比呀巴恩　裏 استر 阿思忒兒　入 درآمدن 得剌默丹

水 آب 阿卜　雁 اسور 阿思幹兒　酒 شراب 舍剌卜

沉 فرورفتن 府羅勒夫貪　過 گذشتن 故得石貪　泉 چشمه 扯石默

生查子

月出影蛾眉露下羅襟濕舊日一分心如今千
萬積睡起懶生香輕寒来兩袖誰知角枕秋
催得黃花瘦

月 ماه 媽黑　心 دل 的勒　來 بیا 比呀

出 برآمدن 百剌默丹　如 چون 初恩　兩 سیر 斐兒

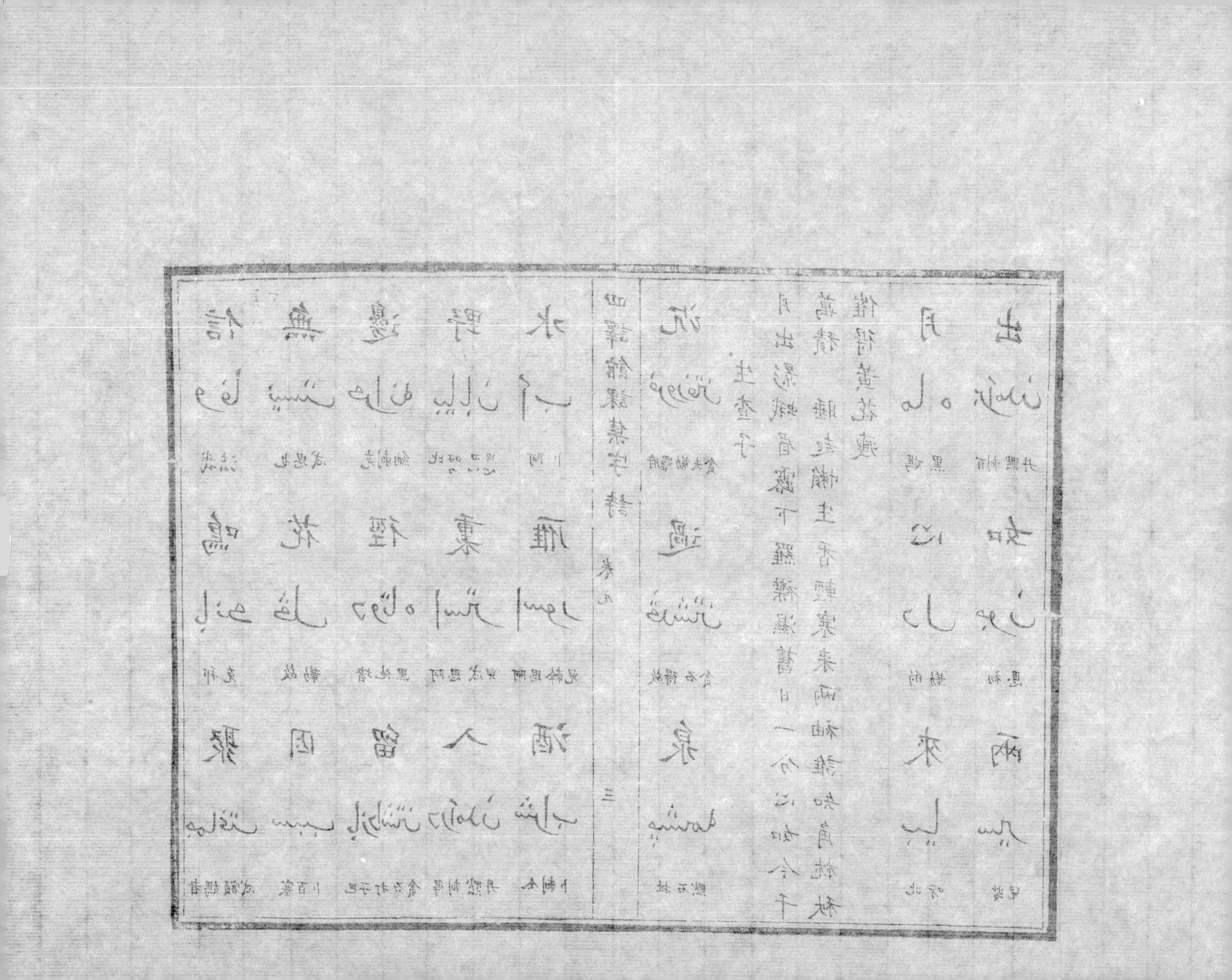

信 聽 聚

無 花 因

邊 徑 留

野 裏 入

水 雁 酒

流 過 泉

生查子

月出影 宿露下羅 瀟灑日一分以知今千

萬積 睡起慵生香暫寒來兩袖誰知肩有今秋

催得黃花瘦

月 心 來 上

出 如 雨 吹

影	蛾	眉	露	下
سایه	پروانه	ابرو	شبنم	زیر
撒夜	迫兒洼納	阿卜羅	捨卜南	節兒

今	千	萬	積
اکنون	هزار	تمن	ورزیدن
阿克奴恩	哈咱兒	土蠻	我兒即丹

袖	誰	知	角	枕
آستین	کدام	دانستن	گوشه	بالش
阿思梯尹	怯拾恩	打你思貪	科舍	把力石

羅	襟	濕	舊	日
رای	دامن	تر	کهنه	روز
剌衣	打蠻	忒兒	科黑納	羅子

睡	起	懶	生	香
خسپیدن	برخاستن	کاهلی	خام	بوی
虎思比丹	百兒哈思貪	噶黑里	哈恩	鉢衣

秋	催	得	黃	花
تیرماه	تقاضا	یافتن	زرد	گل
體兒媽黑	忒噶咱	呀夫貪	則兒得	故勒

髭 [illegible]	今 [illegible]	袖 [illegible]
鐵 [illegible]	千 [illegible]	誰 [illegible]
目 [illegible]	萬 [illegible]	知 [illegible]
露 [illegible]	積 [illegible]	眉 [illegible]
下 [illegible]		桃 [illegible]
羅 [illegible]	睡 [illegible]	林 [illegible]
襟 [illegible]	起 [illegible]	催 [illegible]
濕 [illegible]	懶 [illegible]	得 [illegible]
舊 [illegible]	生 [illegible]	黃 [illegible]
日 [illegible]	香 [illegible]	花 [illegible]

一 یک 克夜 輕 سبک 塞卜克 瘦 لاغر 剌額兒

分 فریق 法里革 寒 سرما 塞兒媽

正教序班加二級　郃繩武

王之綸

譯字官生　邊之鍵

郃光顯

朱承孝翻譯

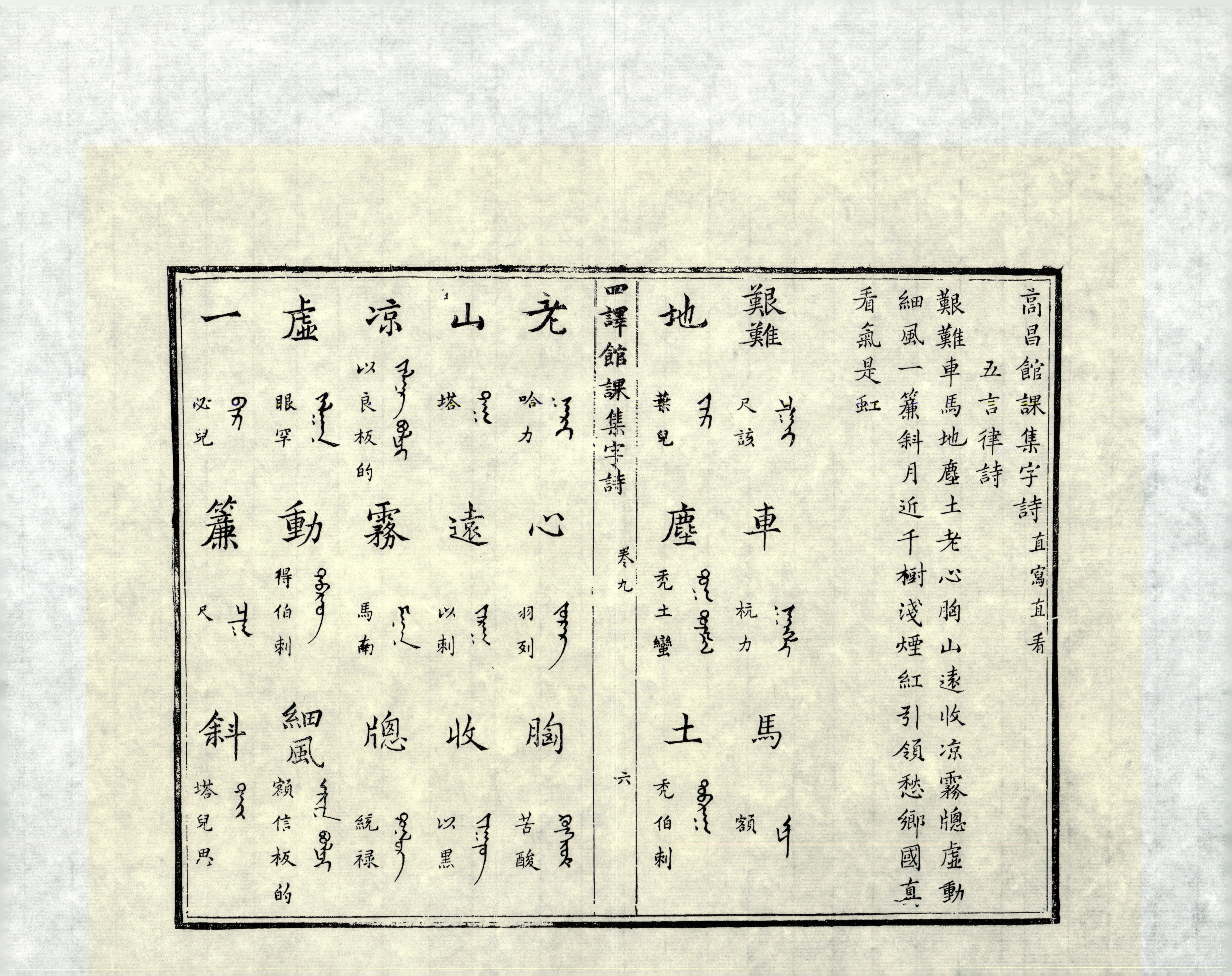

高昌館課集字詩 直寫直看

五言律詩

艱難車馬地塵土老心胸山遠收涼霧牕虛動細風一簾斜月近千樹淺煙紅引領愁鄉國真看氣是虹

艱難 尺該

車 杭力

馬 額

地 葉兒

塵 禿土鑾

土 禿伯剌

老 哈力

心 羽列

胸 苦酸

山 塔

遠 以剌

收 以黑

涼 以良板的

霧 馬南

牕 統禄

虛 眼罕

動 得伯剌

細風 額信板的

一 必兒

簾 尺

斜 塔兒罕

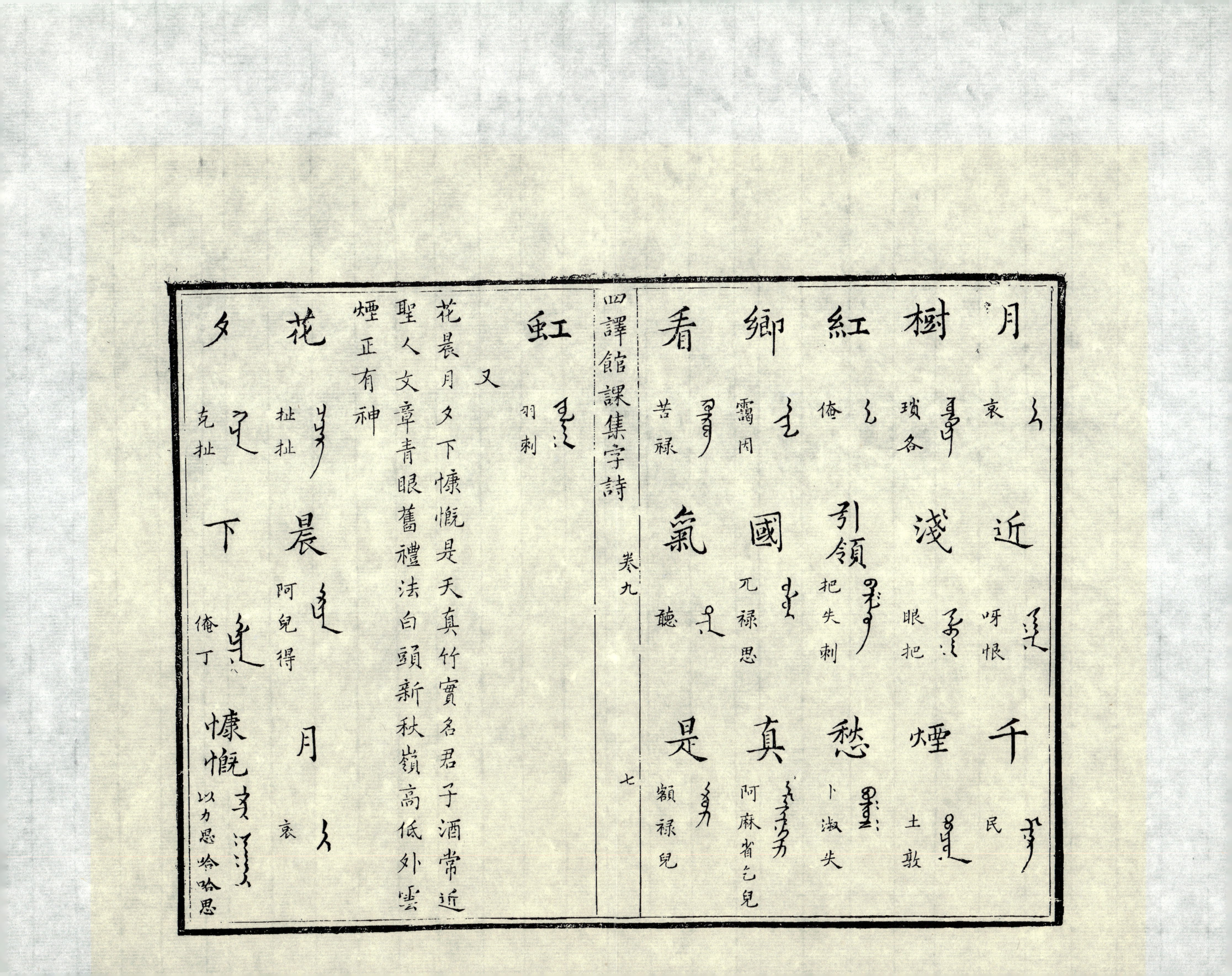

月　哀　近　呀根　千　民

樹　瑣各　淺　眼把　煙　土歎

紅　俺　引領　把失刺　愁　卜溆失

鄉　靄肉　國　兀祿思　真　阿麻省乞兒

看　苦祿　氣　聽　是　額祿兒

虹　羽刺

又

花晨月夕下慷慨是天真竹實名君子酒常近
聖人文章青眼舊禮法白頭新秋嶺高低外雲
煙正有神

花　扯扯　晨　阿兒得　月　哀

夕　克扯　下　俺丁　慷慨　以力思哈哈思

正教序班　宰弘道

協教序班　吳克讓

譯字官生范斯廉翻譯

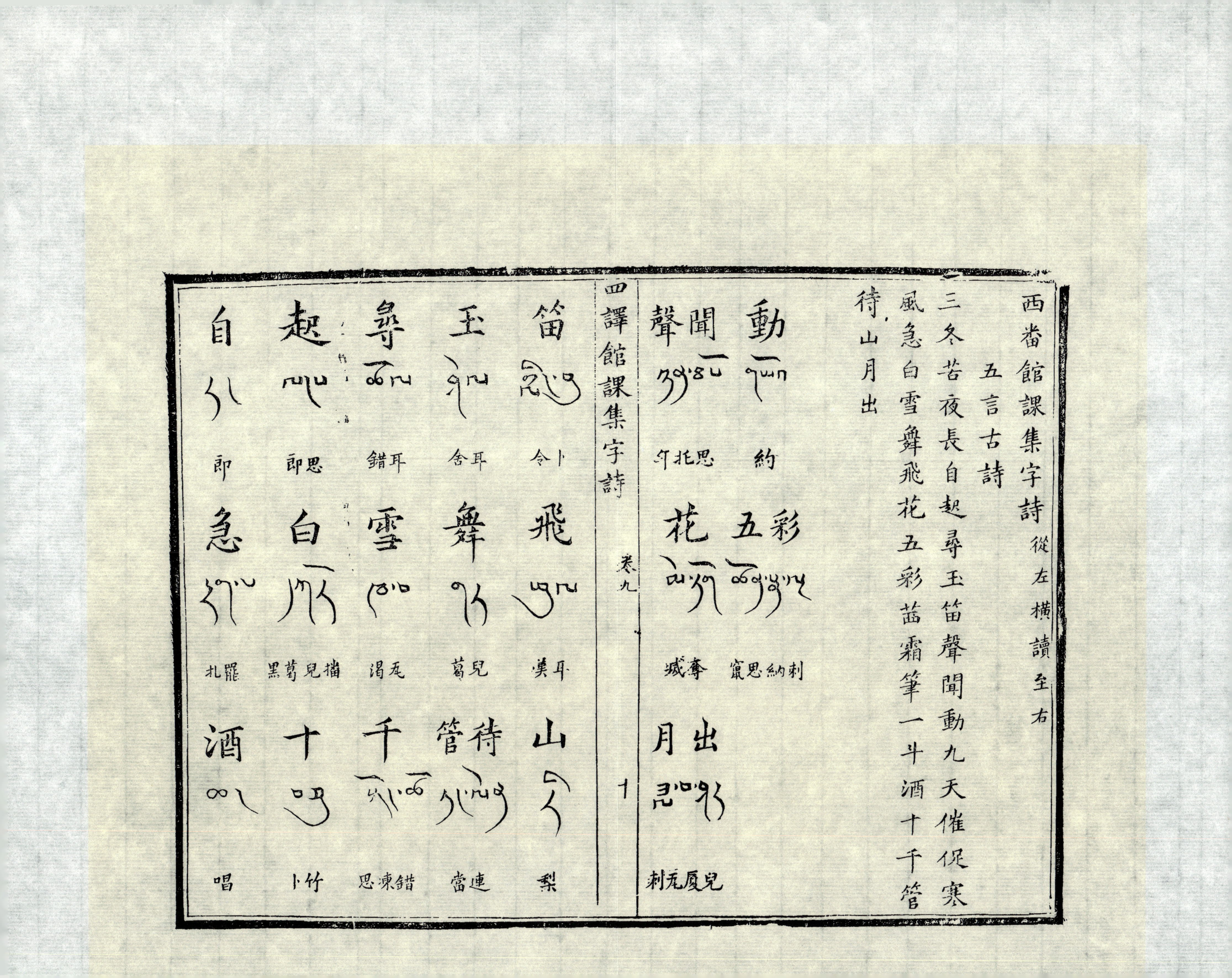

西番館課集字詩

從左橫讀至右

五言古詩

三冬苦夜長自起尋玉笛聲聞動九天催促寒
風急白雪舞飛花五彩茁霜筆一斗酒十千管
待山月出

聲聞 阡北思	動 約	
花 滅奪	五彩 寬思納刺	
月出 刺瓦厦兒		

自 即	起 即思	尋 錯耳	玉 舍耳	笛 令卜	
急 扎罷	白 黑葛兒擂	雪 渴瓦	舞 葛兒	飛 漢耳	
酒 唱	十 卜竹	千 思凍錯	管待 當連	山 梨	

自入　為　酒

去　白　十

暮　雪　千

王　舞　管催

苗　飛　山

聲間　花五　月出

動　彩

待山月出

風急白雪舞飛花五彩茜霜筆一千酒十千管

三冬苦夜長自去暮王苗聲間動九天催促寒

五言古詩

西洛館課集字詩　從左橫讀至右

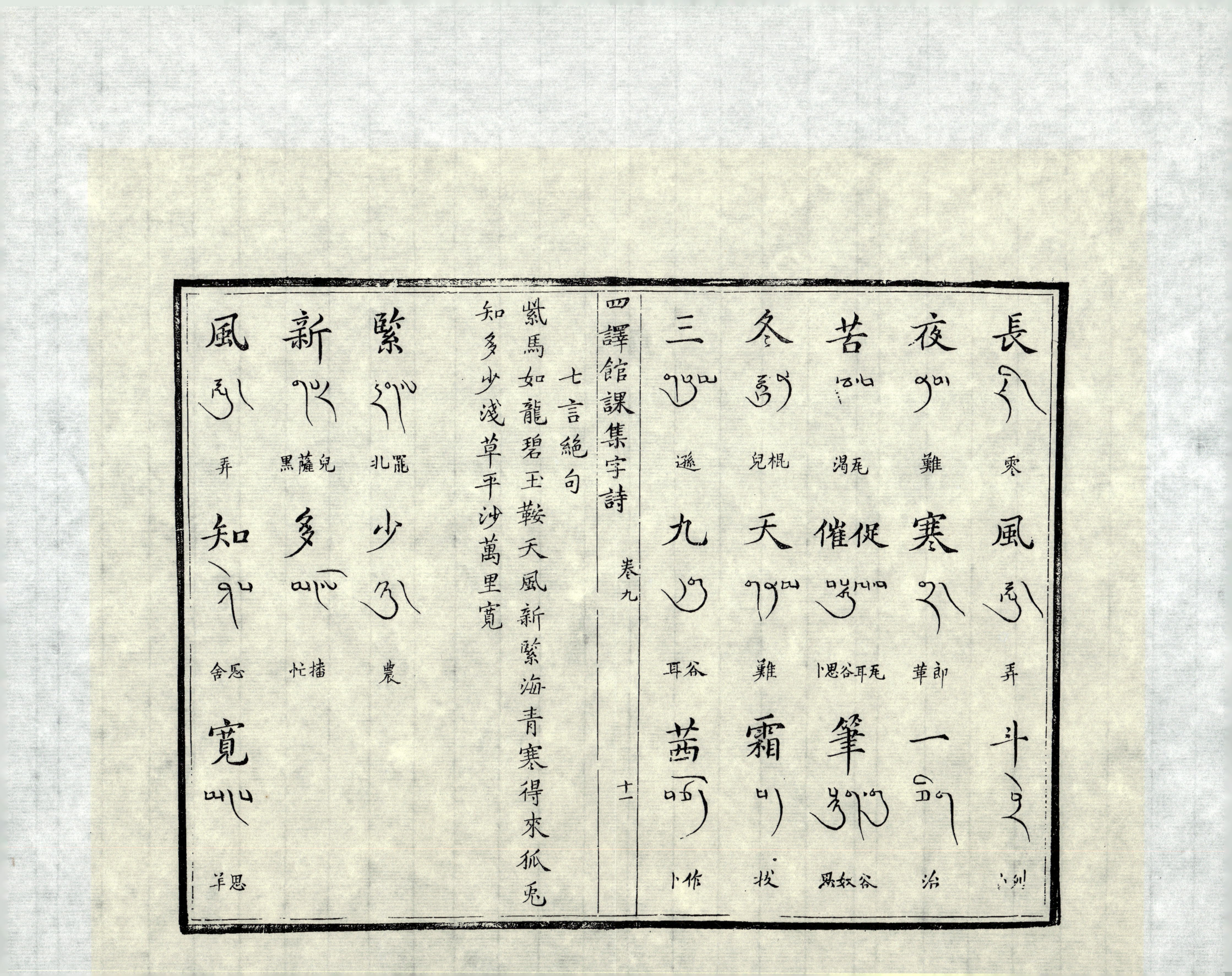

長 零
風 弄
斗 [illegible]列

夜 難
寒 華郎
一 洽

苦 渴乇
催促 卜思谷耳乇
筆 思奴谷

冬 兒棍
天 難
霜 拔

三 遜
九 耳谷
茜 卜作

七言絶句

驄馬如龍碧玉鞍天風新緊海青寒得來狐兎知多少淺草平沙萬里寬

緊 北罷
少 農

新 黑薩兒
多 忙播

風 弄
知 舍慁
寬 羊思

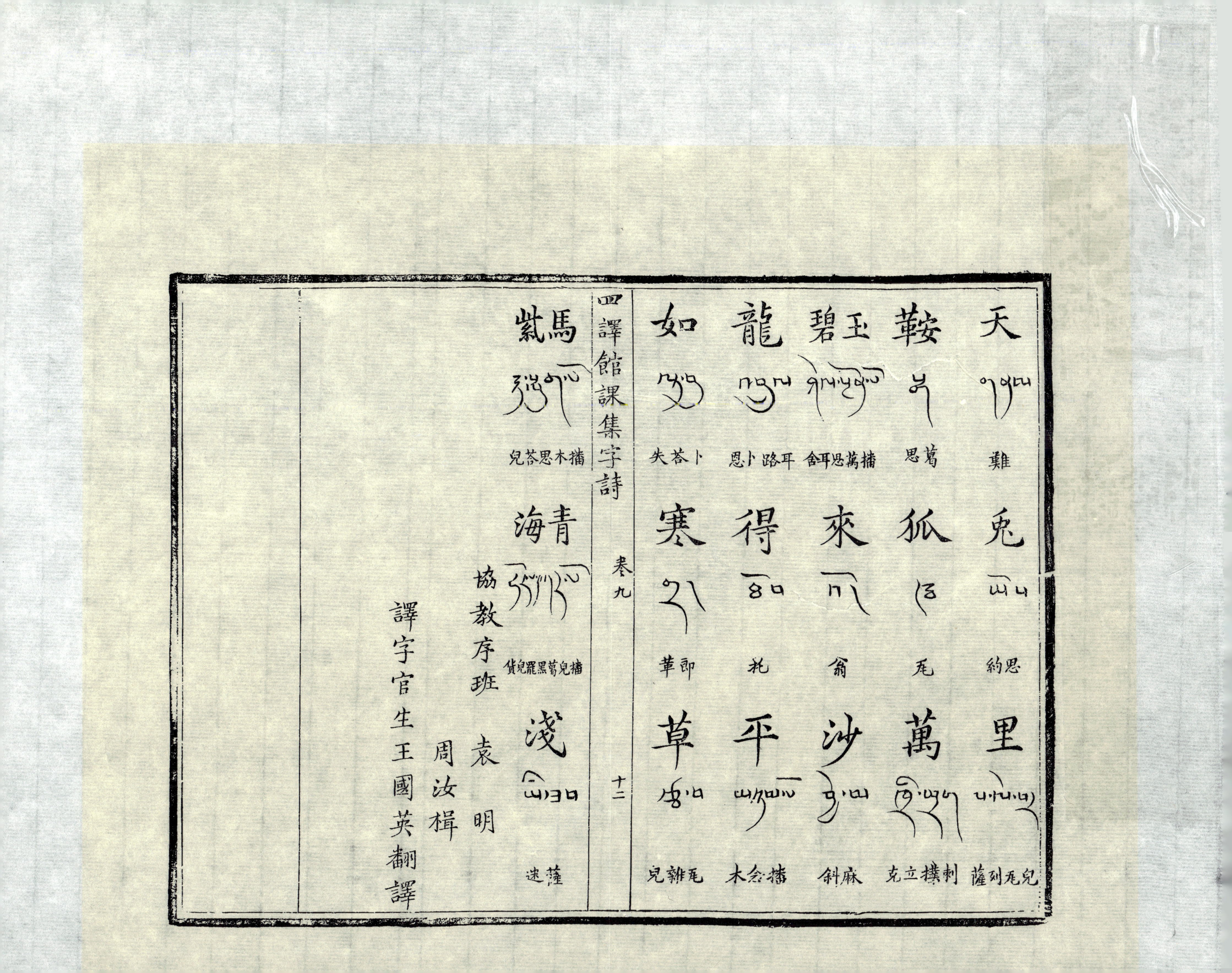

天　難
兎　約思
里　薩列兀兒

鞍　思葛
狐　兀
萬　克立撲剌

碧玉　舍耳思萬捕
來　翁
沙　斜麻

龍　思卜路耳
得　扎
平　木念捕

如　失荅卜
寒　華卽
草　兒雜兀

紫馬　兒荅思木捕
海青　貨兒羅黑葛兒捕
淺　速薩

協教序班袁　明
周汝楫
譯字官生王國英翻譯

天 [illegible] 兌 [illegible] 里 [illegible]

華 [illegible] 水 [illegible] 萬 [illegible]

碧王 [illegible] 來 [illegible] 沙 [illegible]

龍 [illegible] 得 [illegible] 平 [illegible]

如 [illegible] 寒 [illegible] 草 [illegible]

駿馬 [illegible] 海青 [illegible] 飛 [illegible]

協教序班袁　明
周汝楫
譯字官生王國英謄寫

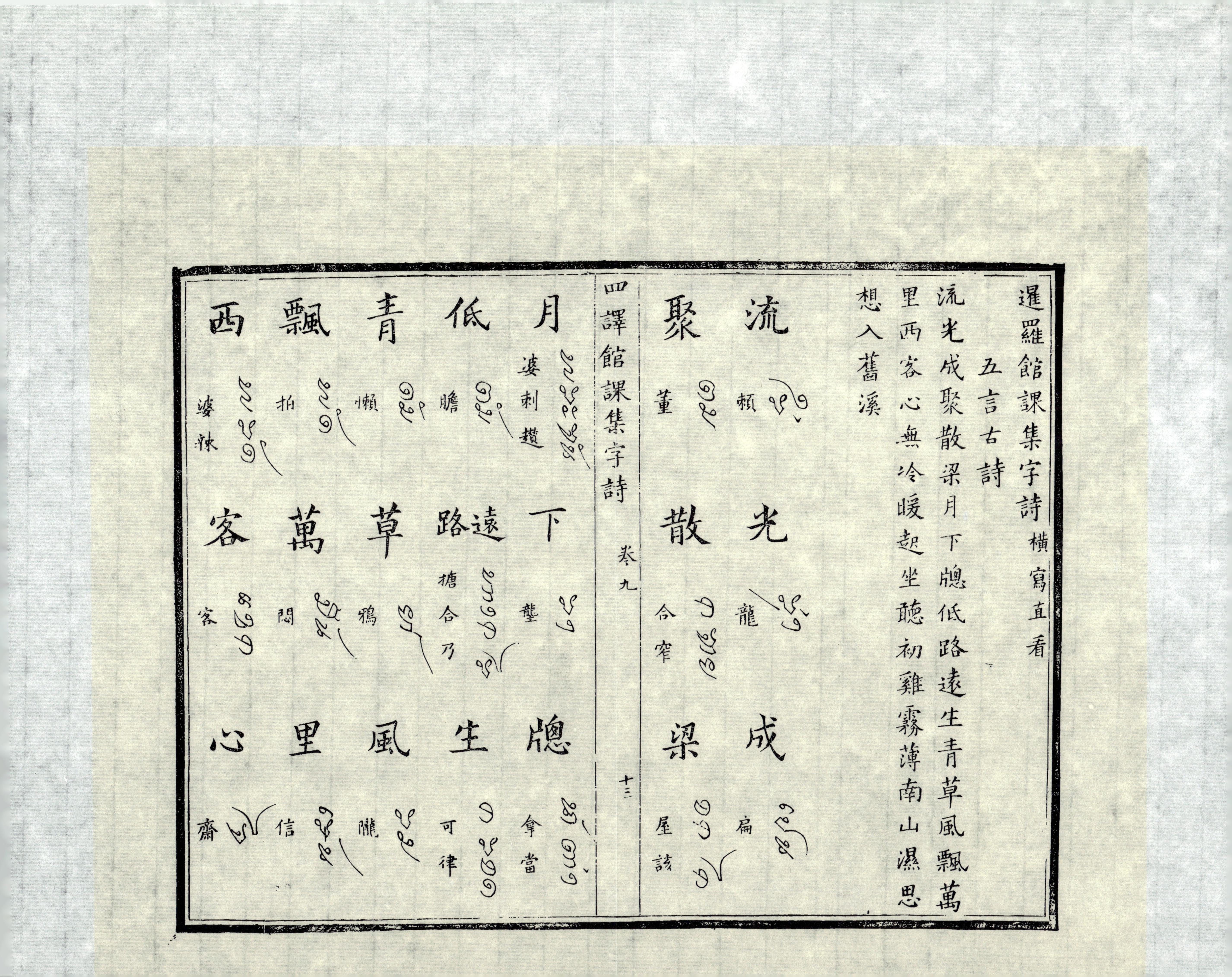

暹羅館課集字詩 橫寫直看

五言古詩

流光成聚散梁月下牕低路遠生青草風飄萬里西客心無冷暖起坐聽初雞霧薄南山濕思想入舊溪

流 頼
光 龍
成 扁

聚 董
散 合窄
梁 屋該

月 婆刺趲
下 釐
牕 拿當

低 瞻
路 搪
遠 合乃
生 可律

青 懶
草 鴉
風 朧

飄 拍
萬 悶
里 信

西 婆辣
客 客
心 齋

暹羅館課集字詩 擬寫直音

五言古詩

流光成聚散梁月下聰依路遠生青草風飄萬
里西客心無冷暖空聽初雞露薄南山鴻思
想入舊鄉

流 光 成

聚 散 梁

月 下 聰

依 路遠 生

青 草 風

飄 萬 里

西 客 心

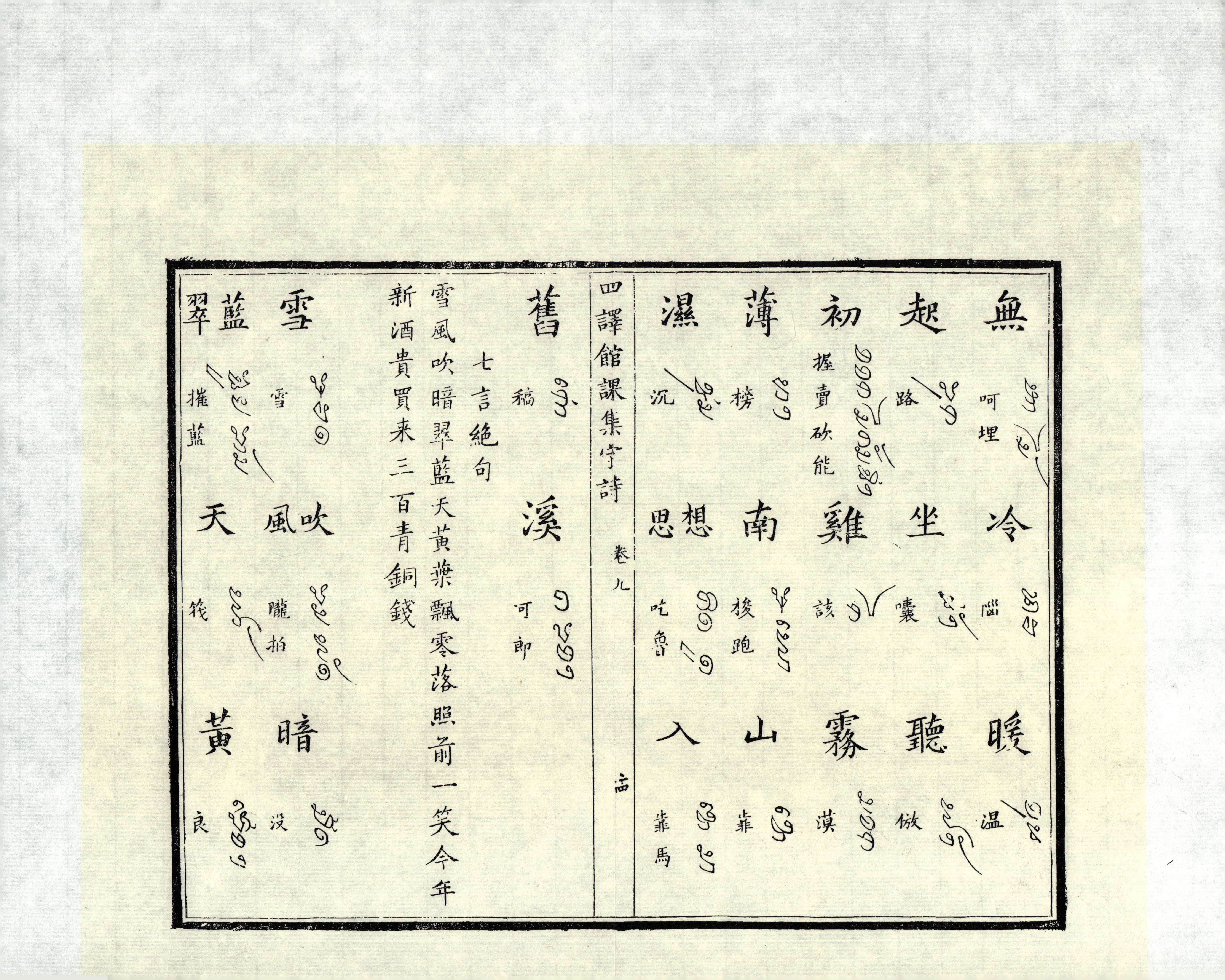

無　呵埋
冷　嗤
暖　温

趣　路
坐　囔
聽　倣

初　握賣砍能
雞　該
霧　漠

薄　榜
南　梭跑
山　靠

濕　沉
想思　吃魯
入　靠馬

舊　稿
溪　可郎

七言絶句

雪風吹暗翠藍天黃葉飄零落照前一笑今年
新酒貴買来三百青銅錢

雪　雪
吹風　朧拍
暗　没

翠藍　推藍
天　筏
黃　良

葉　擺埋　飄　拍　零　哼柳

落　督謹　照　染辣　前　渾拿

一　能　笑　火　年今　比泥

新　責　酒　酩　貴　米本

買　詞　來　馬　三　三

百　吻　青　懶　銅　搪兩

錢　核冷

協教序班張永禄

張鑄

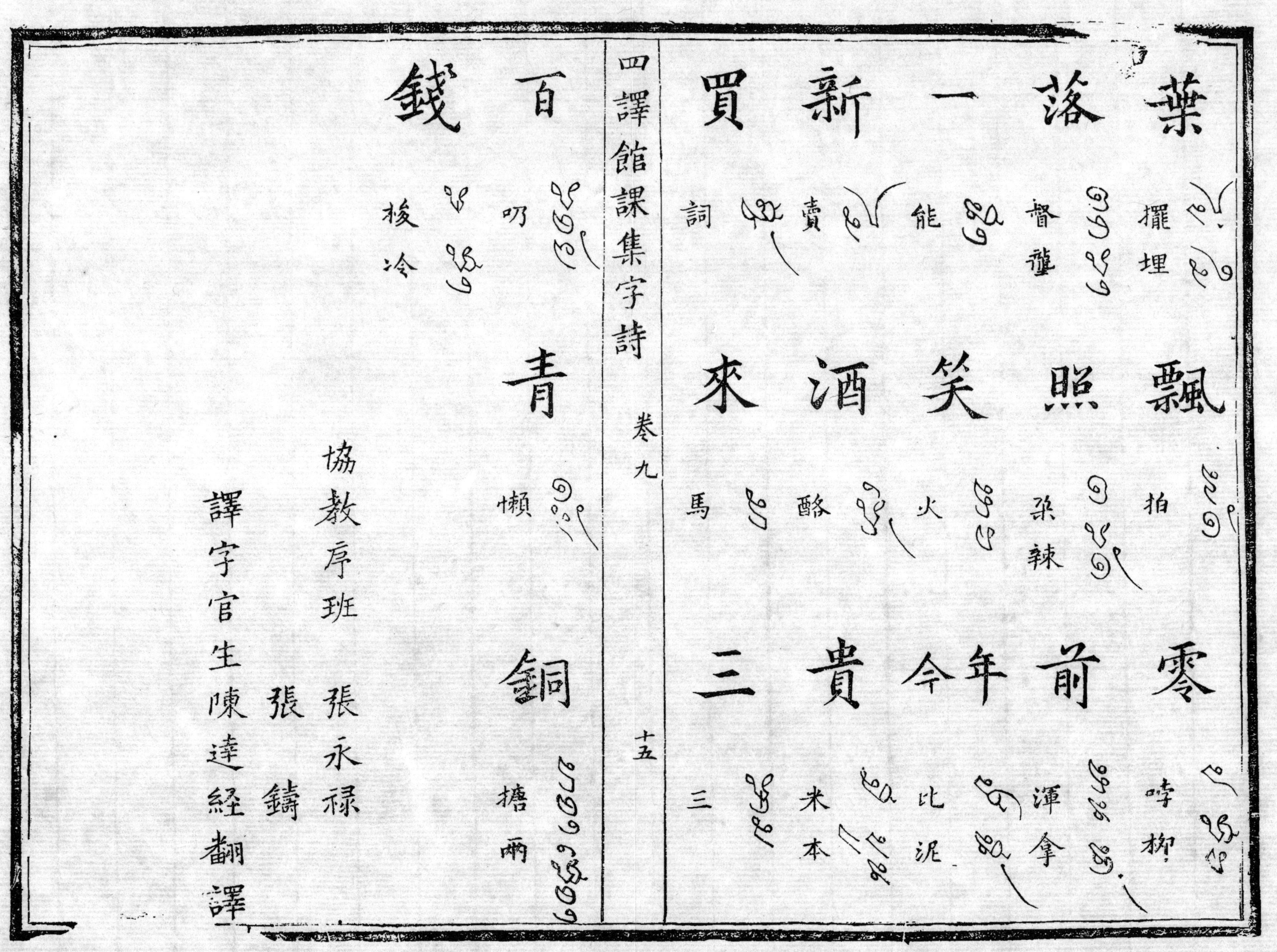

譯字官生陳達經翻譯

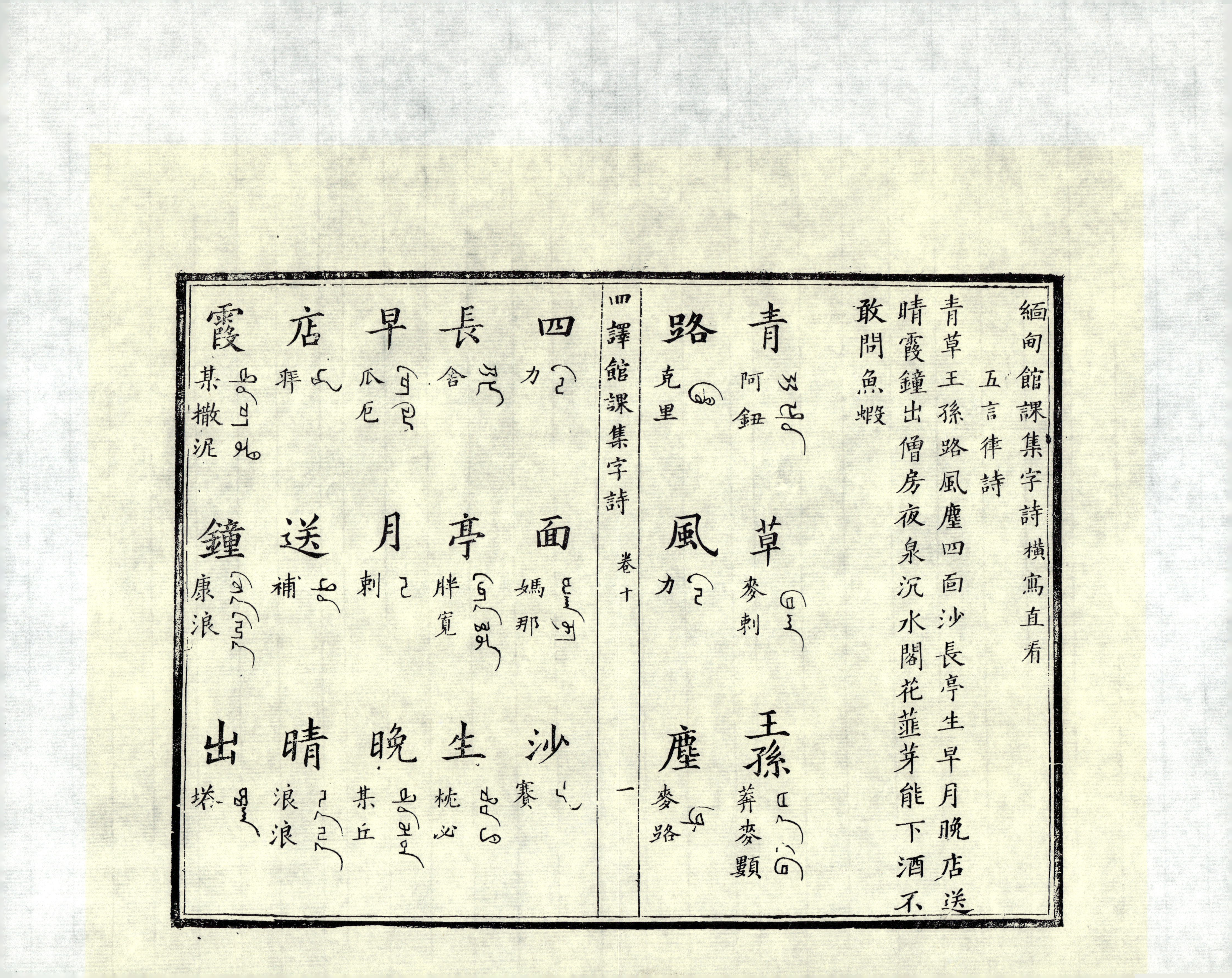

緬甸館課集字詩 橫寫直看

五言律詩

青草王孫路　風塵四面沙　長亭生早月　晚店送晴霞　鍾出僧房夜　泉沉水閣花　韮芽能下酒　不敢問魚蝦

青 阿鈕　草 麥剌　王孫 葬麥顯

路 克里　風 力　塵 麥路

四 力　面 嗎那　沙 賽

長 含　亭 胖寬　生 桃必

早 瓜厄　月 剌　晚 其丘

店 犿　送 補　晴 浪浪

霞 其撒泥　鍾 康浪　出 塔

露 鐘 出

店 送 晴

早 月 曉

長 亭 生

四 面 沙

路 風 塵

青 草 王孫

回回館課集字詩補遺五首

五言律詩

青草王孫路風塵四面沙長亭生早月曉店送

晴露鐘出僧房夜泉沉水闇花蓮芽能下酒不

敢問漁蝦

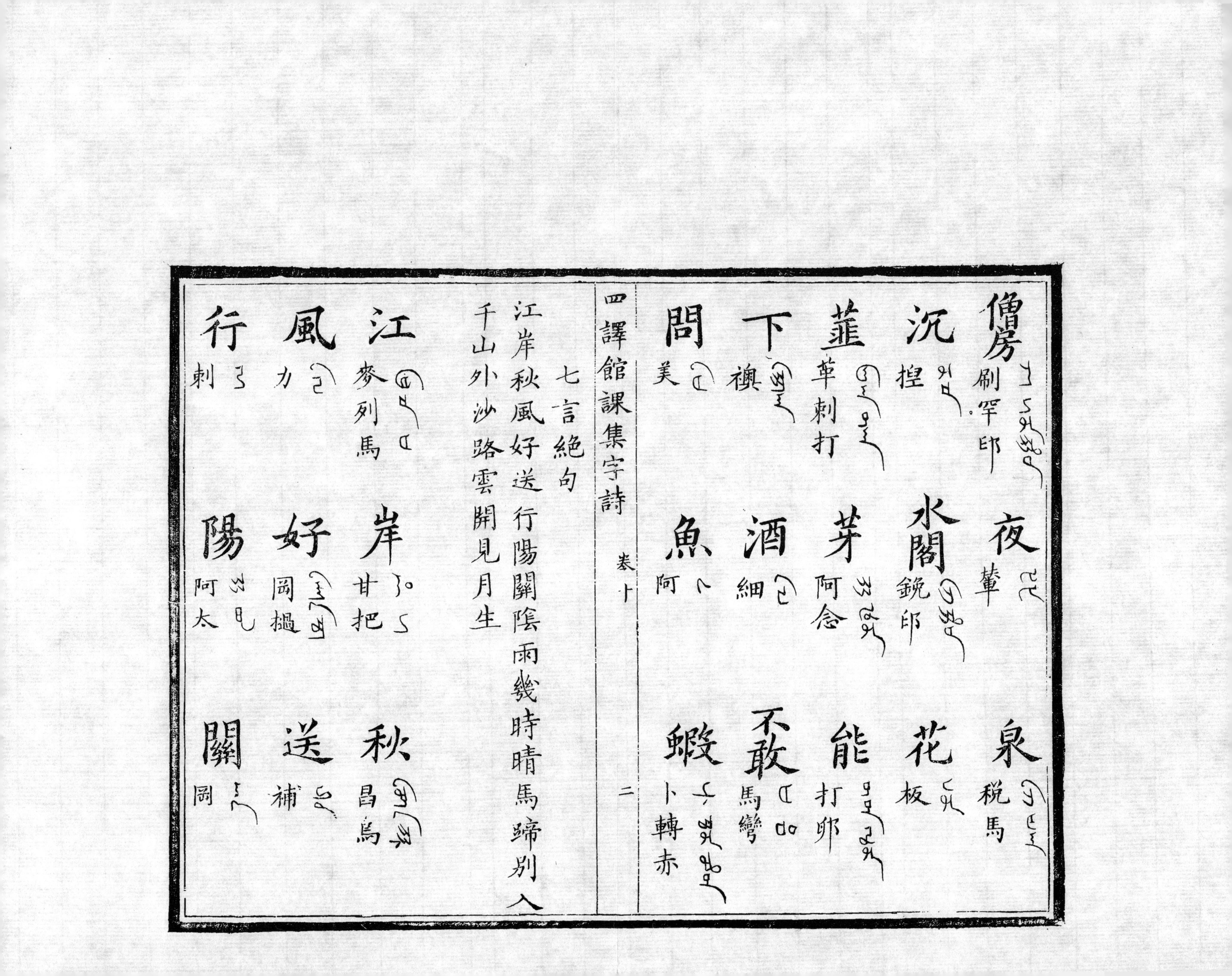

僧房 刷罕印　夜 葷　泉 稅馬
沉 揑　水閣 鋺印　花 板
韮 革剌打　芽 阿念　能 打郎
下 襖　酒 細　不敢 馬彎
問 美　魚 阿　蝦 卜轉赤

七言絶句

江岸秋風好送行陽關陰雨幾時晴馬蹄別入千山外沙路雲開見月生

江 參列馬　岸 甘把　秋 昌烏
風 力　好 岡撾　送 補
行 剌　陽 阿太　關 岡

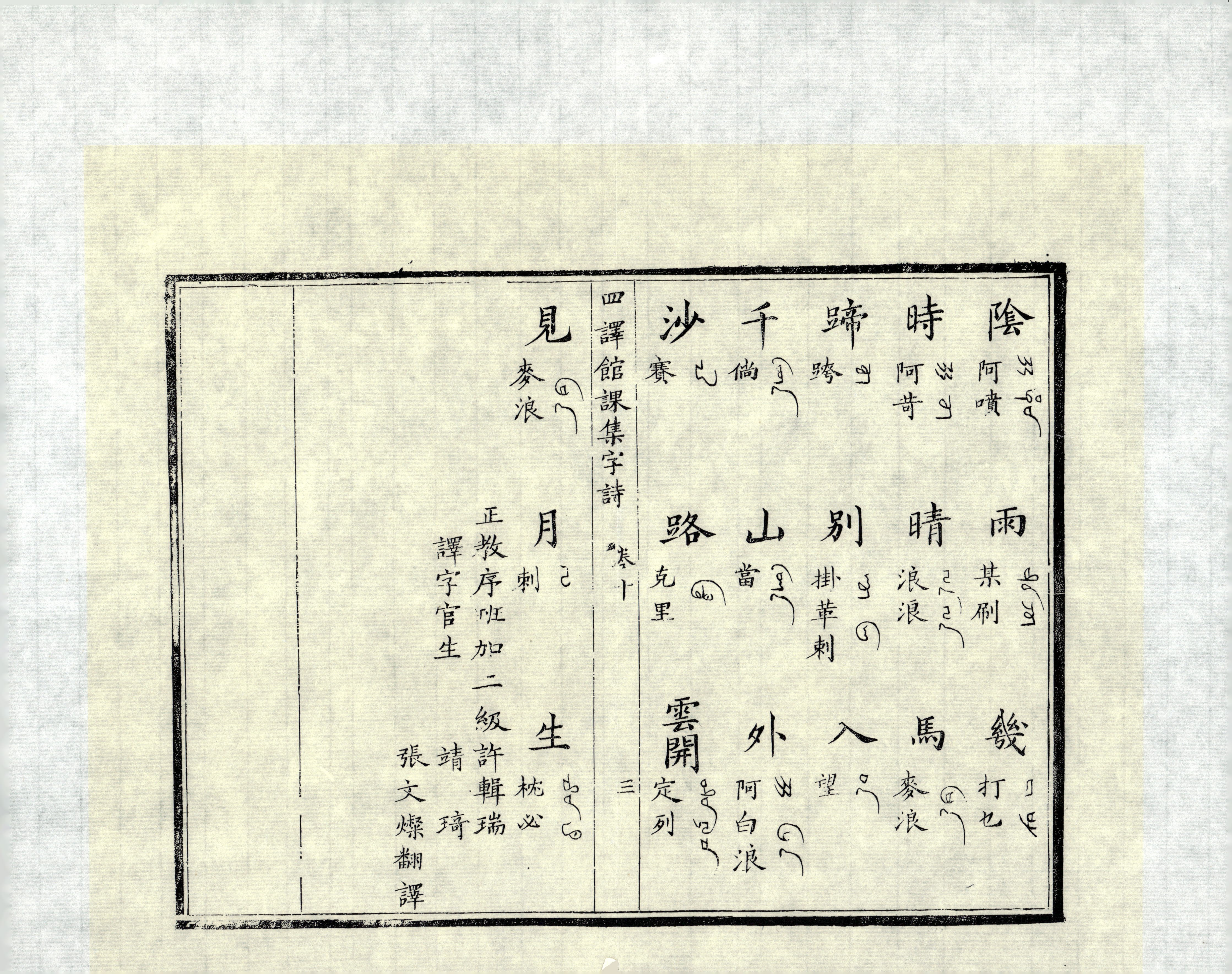

陰 阿噴　雨 其刷　幾 打乜

時 阿苛　晴 浪浪　馬 麥浪

蹄 跨　別 掛華剌　入 望

千 倘　山 當　外 阿白浪

沙 賽　路 克里　雲開 定列

見 麥浪　月 剌　生 梳必

正教序班加二級許輯瑞

譯字官生靖琦

張文爍翻譯

張文藻編譯
譯字官生王教序匡加二級 靖許輯校

見 月 生

沙 路 雲開

千 山 外

歸 別 入

晴 晴 馬

陰 雨 錢

西天館課集字詩

五言絶句

冊崖含石塔彌宜孤月顏桑麻欣勃烈蒲蔔列他山

冊 崖 含

石 塔 彌

宜 孤 月

顏 桑 麻

欣 勃 烈

蒲 蔔 列

他 山

又

菩提薩埵說唵嚂寶吽牙追答多難和疊拍戞

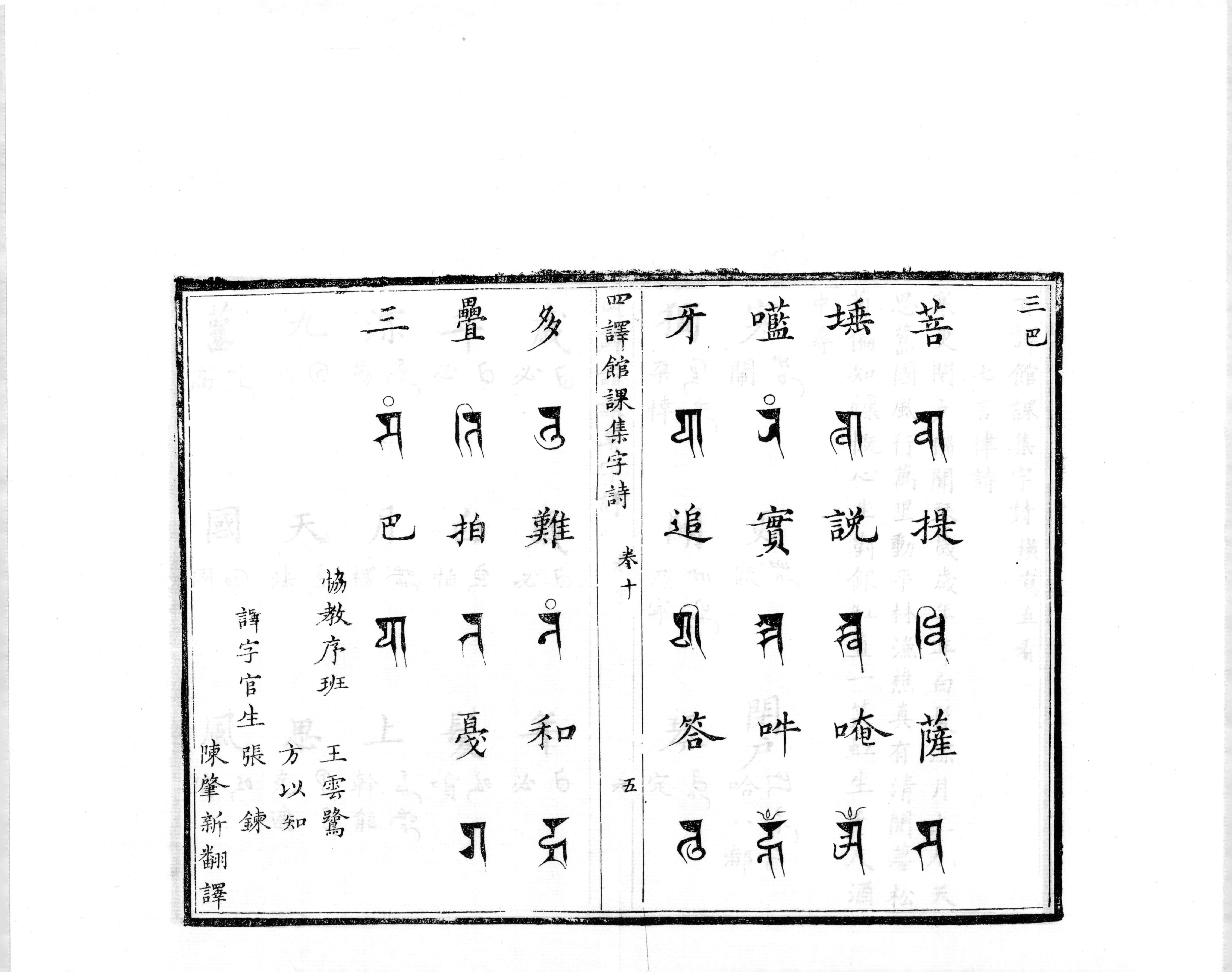

三巴

菩提薩

埵說唵

嚂實吽

牙追答

多難和

疊拍戞

三巴

協教序班　王雲鷺

方以知

譯字官生　張鍊

陳肇新　翻譯

百譯館譯集字詩 橫寫直看

七言律詩

寒更開户獨聞琴歲歲年年白髮深月上九天

思舊園風行萬里動平林漁樵真有清閒樂松

萬偏知懷慨心坐對館江直一笑生千尺酒

中華

寒 更 開

獨 聞 琴

歲 歲 年

年 白 髮

深 月 上

九 天 思

舊 圓 風

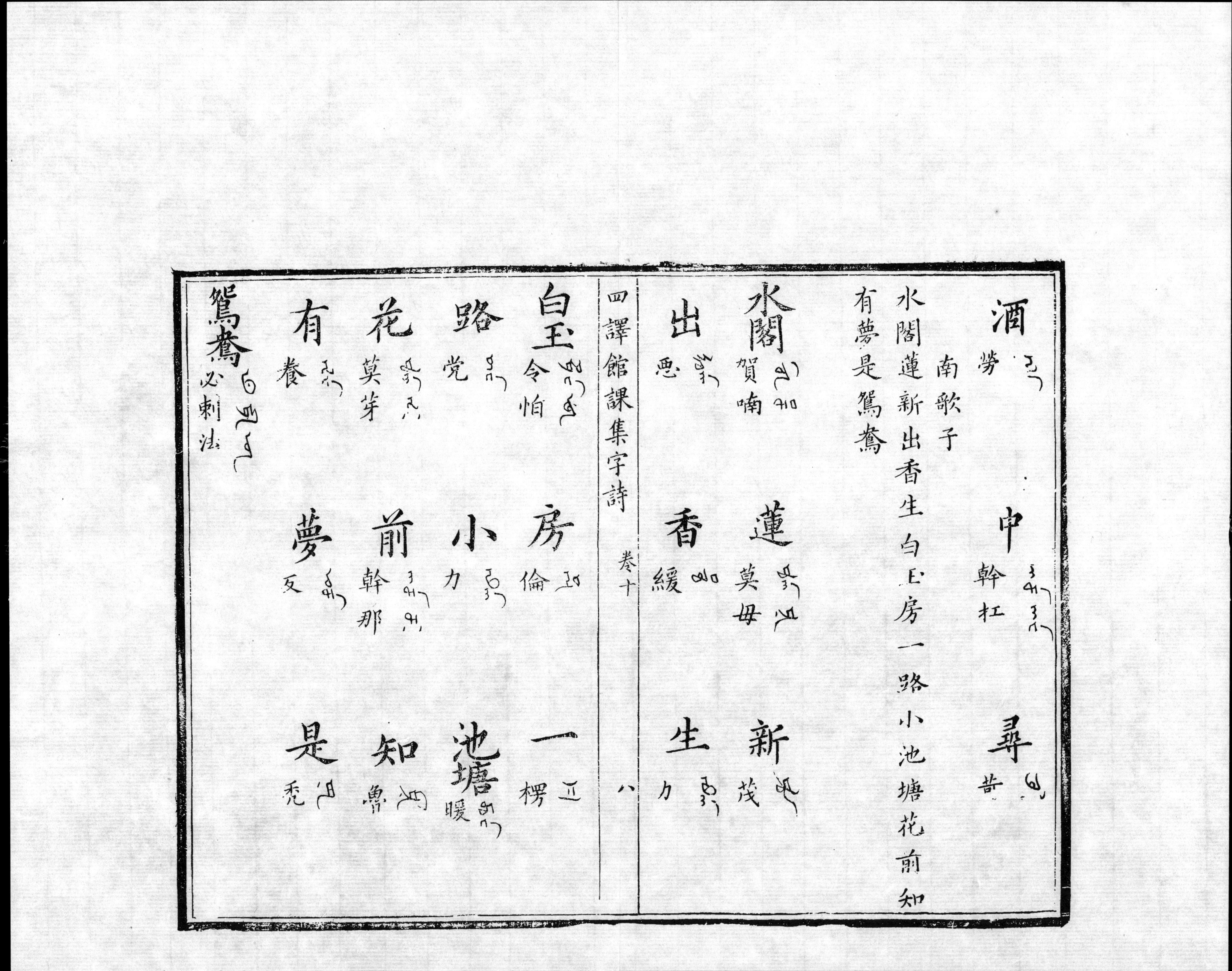

酒 勞　中 幹杠　尋 苦

南歌子

水閣蓮新出香生白玉房一路小池塘花前知有夢是鴛鴦

水閣 賀喃　蓮 莫母　新 茂

出 惡　香 緩　生 力

白玉 令怕　房 倫　一 楞

路 党　小 力　池塘 暖

花 莫芽　前 幹那　知 鼻

有 養　夢 反　是 禿

鴛鴦 必剌法

正教序班　邢可式

協教序班　張守恒

譯字官生　徐鳴珂

王之綱　翻譯

八百館課集字詩

五言古詩

紅豆調鸚鵡花絨繡鳳凰同飛食竹實愛敬均無忘送君今遠行獨帶古琴囊離懷真脉脉憂思聚中腸千里關山路風高易雪霜踈林烟月白木葉下雲黃望望見銀河一線少津梁天孫十指力刀尺驚秋涼寒衣分外薄瘦腰如舊强思君憎晷影朝夕轉偏長

紅	แดง	領	
豆	ถั่ว	兎	
調	เกล	告	
鸚	นก	努	
鵡	แกว	列	
花	ลาย	采	
絨	ขูน	允	
繡	สแ	撒	
鳳	นก	努	
凰	หาว	烘	
同	ดวัก	幹囊	
飛	บิน	丙	
食	กิน	近	
竹	ไก่ทลอะ	恭埋	
實	เงหา	楪	
愛	รัก	刺	
敬	ยำ	眼	
均	เทาก	幹倒	

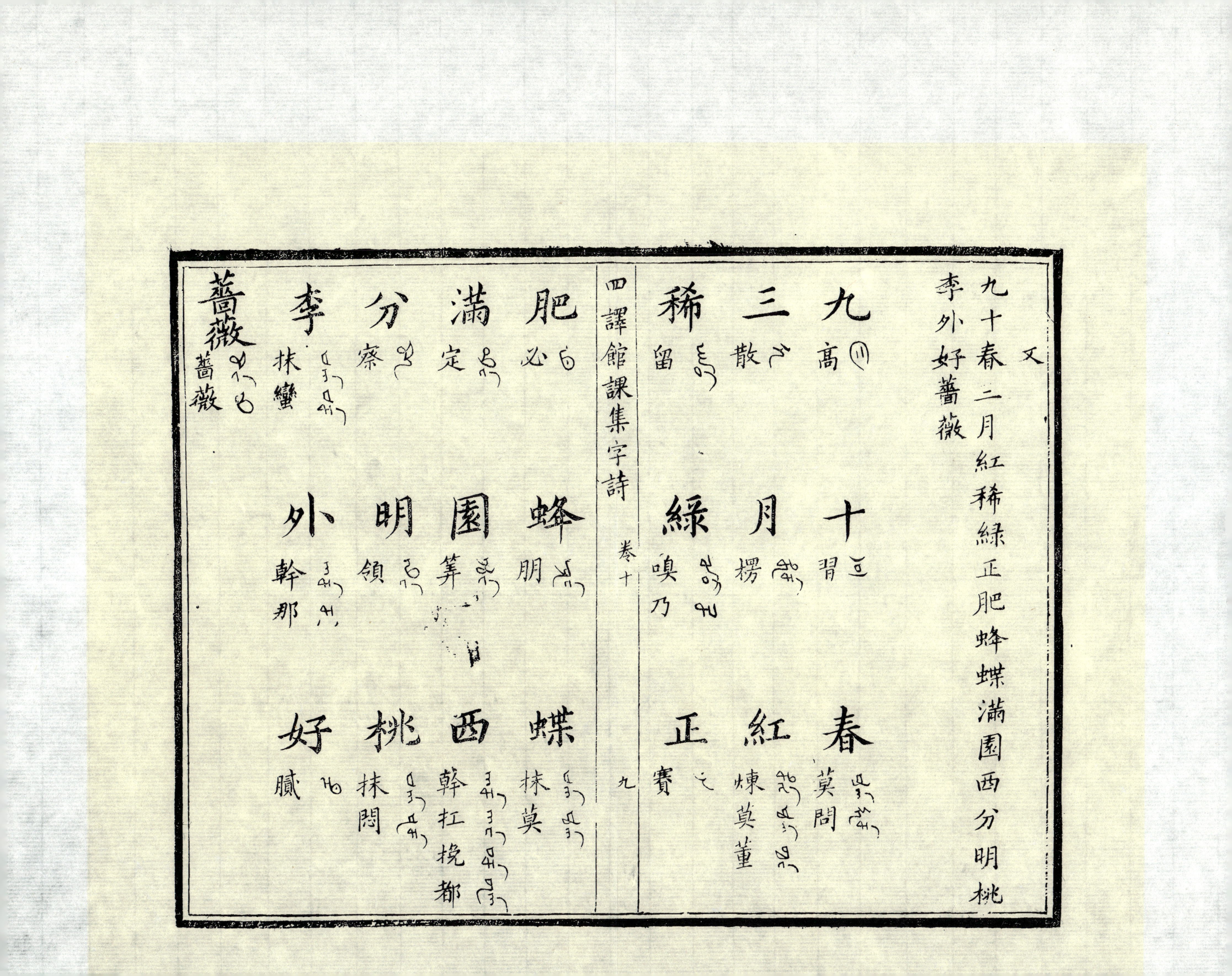

又

九十春三月紅稀綠正肥蜂蝶滿園西分明桃李外好薔薇

九 高

十 習

春 莫問

三 散

月 楞

紅 煉莫董

稀 留

綠 嗅乃

正 賓

肥 必

蜂 朋

蝶 抹莫

滿 定

園 筭

西 斡扛挽都

分 察

明 領

桃 抹悶

李 抹鑾

外 斡那

好 臓

薔薇 薔薇

無	เบามี	米冒
忘	ลืมเส	細倫
送	ส่ง	送
君	พุสชา	招刺普
今	เมื่อนี้	沉墨
遠	ไกล	盖
行	ไป	擺
獨	ยุดยอ	挪僕
帶	สายคาว	浪賽
古	เมื่อบน	本墨
琴	ติว	定
囊	ยาดว	痛怕
離	พากไป	幹扒
懷	คัวคัว	寨歪
真	แท้	楪
脉	ฐูสเหนน	面刺苛
脉	ฐูสแหนน	面刺苛
憂	ยินทายคัว	寨来尹
思	คิดถึง	寨虬
聚	พอมไป	幹盤
中	กลาง	扛
腸	ไส้	賽
千	พัน	板
里	ร้อยทาง	党竹
關	ทางกลาง	扛党
山	ดอย	賴
路	ทาง	党
風	ลม	倫
高	สูง	送
易	ง่าย	擺

風 高 路

關 山 里

思 千 中

麻 麻 憂

離 懷 真

古 琴 囊

行 獨 帶

君 今 遂

無 忘 違

雪 เหมยนอง 濃昧　霜 เหมย 昧　踈 เภา 哈

林 ป่าไม้ 埋八　烟 ควัน 緩　月 เดือน 楞

白 ขาว 浩　木 ไม้ 埋　葉 ใบ 擺

下 ลุ่ม 倫　雲 หมอก 莫　黃 เหลือง 楞

望 เดือนกลาง 扛楞　望 เดือนกลาง 扛楞　見 เห็น 汗

銀 เงิน 恩　河 แม่น้ำ 南乜　一 นึ่ง 能

線 ไหม 賣　少 น้อย 乃　津 ท่าน้ำ 南荅

梁 ไม้ขื่อ 克埋　天 ฟ้า 法　孫 หลาน 爛

十 สิบ 習　指 มือนิ้ว 墨牛　力 แรง 零

刀 ดาบ 臘　尺 ไม้ศอกนับ 納苛埋　鷺 หงอก 落

字	暹羅文	音
秋	เฉือเยีน	印墨
涼	เยีน	印
寒	หนาว	鬧
衣	เสื้อ	思
分	ปันฝี	斡辨
外	นอก	諾
薄	บาง	邪
瘦	ผอม	卓
腰	เอว	咬
如	เปนดัง	丙曩
舊	เกา	告
強	กลาแขง	慶戞
思	คิดถึง	蚱寨
君	พระเจา	普刺招
憎	ชัง	掌
晷	อินเงา	奥挠
影	เงา	奥
朝	เฉือเซา	朝墨
夕	อินตก	酣挠
轉	ปั่น	半
偏	บิด	比
長	ยาว	咬

長相思

笑東風問東風吹出花開二月紅春光歲歲同

桃花紅杏花紅青實離離曲閣東仙溪一徑通

笑 หัวร่อ 路開
東 กลางวันออก 悪挖扛
風 ลม 倫

問 ถาม 炭
東 กลางวันออก 悪挖扛
風 ลม 倫

吹 เป่า 抱
出 ออก 惡
花 ดอก 鐸

開 ปลูก 卜
二 สอง 送
月 เดือน 楞

紅 แดง 領
春 เมื่ออุ่น 溫墨
光 ทาด 木

歲 ปี 備
歲 ปี 備
同 ดวกัน 幹巢

桃 หมากพีน 閩抹
花 ดอก 鐸
紅 แดง 領

杏 หมากยู้ฝาว 放捧抹
花 ดอก 鐸
紅 แดง 領

青 เขียว 嗅
實 แห 楪
離 พรากไป 幹扒

離 พรากไป 幹扒
曲 คด 戈
閣 หอคอย 塌賀

東 ทสาวันออก 悪挽杠

仙 เท้อะผา 打尾樸

溪 แนนำนย 乃南乜

一 นึง 能

徑 ทาวนย 乃党

通 ปลอว 蚌

正教序班馮志達

協教序班李攀

譯字官生南維垣

賈國臣翻譯

圖書在版編目(CIP)數據

四譯館考/[清]江蘩輯.—北京:國家圖書館出版社,2009.10
(中華再造善本)
ISBN 978-7-5013-4152-8

Ⅰ.四… Ⅱ.江… Ⅲ.夷—民族歷史—研究 Ⅳ.K289

中國版本圖書館CIP數據核字(2009)第140430號

ISBN 978-7-5013-4152-8

書名 四譯館考(一函二册)
著者 [清]江蘩 輯
出版 國家圖書館出版社(原北京圖書館出版社)
發行 100034 北京市西城區文津街七號
Tel:(010)66151313 Fax:(010)66121706
E-mail:Btsfxb@nlc.gov.cn(郵購)
印刷 杭州蕭山古籍印務有限公司
開本 八
印張 二九
版次 二〇〇九年十月第一版第一次印刷
印數 一—二〇〇
書號 ISBN 978-7-5013-4152-8
定價 九三〇圓